AF314380

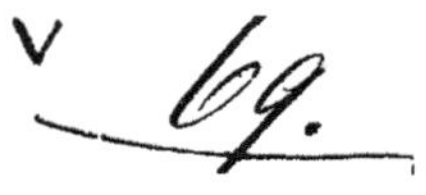

Vente du Lundi 18 Mai 1868.

OBJETS D'ART

ET

DE CURIOSITÉ

Exposition publique le Dimanche 17 Mai 1868.

M° CHARLES PILLET,   M. CARLE DELANGE,
COMMISSAIRE-PRISEUR   EXPERT

1868

CATALOGUE

D'UNE JOLIE RÉUNION

D'OBJETS D'ART

ET DE CURIOSITÉ

Faïences italiennes des XVe, XVIe et XVIIe siècles ;
Porcelaines de la Chine et du Japon ; Bronzes ; Cuivres ; Objets orientaux ;
Étains ; Orfévrerie ; Intailles ; Sculptures en marbre des XIVe, XVe et XVIe siècles ;
Sculptures en ivoire et en bois ; Tapisseries ; Étoffes :
Objets divers.

DONT LA VENTE AURA LIEU

HOTEL DROUOT, Salle N° 2

Le Lundi 18 Mai 1868

A UNE HEURE.

La vacation étant très-chargée, on commencera à une heure très-précise.

Par le ministère de M° **Charles PILLET**, Commissaire-Priseur,
10, rue Grange-Batelière,

Assisté de **M. Carle DELANGE**, Expert, 5, quai Voltair .

Chez lesquels se trouve le Catalogue.

EXPOSITION PUBLIQUE

Le Dimanche 17 Mai 1868, *de une heure à cinq heures.*

CONDITIONS DE LA VENTE

Elle sera faite au comptant.

Les adjudicataires payeront *cinq pour cent* en sus des enchères.

L'exposition mettant le public à même de se rendre compte de l'état des objets, il ne sera admis aucune réclamation une fois l'adjudication prononcée.

———

320. — Paris. Imp. de PILLET fils aîné, rue des Grands-Augustins, 5.

DÉSIGNATION DES OBJETS

1 — Très-bel écritoire de table en faïence d'Urbino; les quatre angles sont ornés de génies à cheval sur des aigles. Sur les frises principales, décorées en grotesques, sont des syrènes et des amours se jouant sur des guirlandes. Le dessus est formé par un panneau d'une riche arabesque en grotesques colorés sur fond blanc. De chaque côté, des tiroirs contenant des ustensiles pour écrire.

2 — Plat représentant saint Jérôme, à irisations rouge et or. Signé, au revers, M° Giorgio da Gubbio, 1530.

3 — Plat à irisations rouge et or, représentant un guerrier se présentant devant une femme nue entourée de ses suivantes; daté 1529. Au revers, une inscription.

Fabrique d'Urbino par Xantho.

4 — Beau plat à irisations, représentant Énée portant son père Anchise, et précédé du jeune Ascagne qui se retourne pour voir sa mère victime des flammes; daté 1539.

Fabrique d'Urbino par Xantho.

5 — Beau plat irisé, buste de femme avec cette inscription
sur une banderole :

LA. VITA. EL. FINE. EL. DI. LO. DA. LA. SERA.

Ancienne fabrique de Pesaro

6 — Beau plat représentant un combat d'athlètes au pugilat.
Fabrique de Castel-Durante.

7 — Plat de moyenne grandeur, irisé, décoré d'arabesques ;
au centre, un ombilic.

Fabrique ancienne de Deruta.

8 — Deux bassins creux en faïence hispano-arabe, décorés
au dedans et au dehors d'arabesques cuivreux ; à l'int-
rieur, des dragons ailés.

Ce numéro sera divisé.

9 — Grand plat, représentant une femme couchée et un
Amour dans l'air ; elle est nue, à l'exception des jambes
qui sont chaussées de bas décorés d'arabesques ; l'Amour
porte des demi-bas pareils. Le bord du plat est décoré de
rinceaux de feuillages.

Ancienne fabrique de Caffaggiolo.

10 — Vase de forme ovoïde en faïence italienne, décoré d'un
médaillon à figure et d'autres ornements.

11 — Deux autres moins grands, du même genre.

Fabrique de Faenza.

12 — Paire de cornets montés en bois, richement décorés d'ornements et d'un sujet à figures.

13 — Paire de cornets décorés d'ornements et de sujets.

14 — Plat festonné en faïence italienne, découpé à jours, décoré de feuillages; au centre, un blason.

15 — Fragment d'une bordure à fruits, de Luca della Robbia.

16 — Deux figures de saints en faïence colorée de l'école de La Robbia.

17 — Grand plat en faïence italienne, représentant une bataille; le sujet est encadré dans une bordure d'arabesques : génies se jouant au milieu de feuillages.

18 — Son pendant.

Fabrique de Castelli.

19 — Plat moins grand, de même fabrique, représentant un sujet mythologique.

20 — Plat de Castelli, représentant le sujet de la chaste Suzanne.

21 — Deux assiettes fond bleu, rehaussées d'ornements dorés et d'une armoirie de la maison Farnèse; ayant fait partie du service du cardinal Farnèse, dont une partie est encore au Musée Bourbon de Naples.

22 — Deux plaques Castelli de forme carrée, représentant des paysages et des ruines.

23 — Deux autres plaques Castelli de forme ronde.

24 — Plaque en faïence de Perse, décorée de feuillages en relief.

25 — Pot en faïence allemande, avec couvercle en étain.

26 — Joli verre à pied de Venise, dont la tige est ornée d'ailerons en verre coloré.

27 — Verre de Venise, décoré de filigranes d'émail blanc d'une grand finesse.

28 — Verre de Venise en verre lisse, ayant la forme d'une botte.

29 — Vingt-deux pièces, verre de Venise : vases, bouteilles, coupes, lampes de chapelle, de différentes formes et diverses couleurs.

Ce numéro sera divisé.

30 — Deux beaux plats compotiers en porcelaine de Chine blanche coquille d'œuf, décorés de dessins or, dragons et feuillage.

31 — Trois très-beaux plats en porcelaine de Chine, de moyenne grandeur, ronds, décorés de groupes de figures

émaillées en relief, le marli orné d'une grecque dorée sur fond noir et le reste du plat orné de fleurs.

Ce numéro sera divisé.

32 — Deux grands plats, porcelaine de Chine, aux armes de France entourées des deux ordres de Saint-Michel et du Saint-Esprit, portant l'L couronné.

Ce numéro sera divisé.

33 — Plat fond blanc en porcelaine de Chine; au centre, un vase émaillé et sur le bord différents attributs.

34 — Deux plats longs octogones en porcelaine de Chine, famille verte, décorés de personnages et de fleurs.

35 — Deux autres plats ronds, même fabrique; l'un d'époque très-ancienne.

36 — Plat long octogone, décoré de feuillages et à oiseaux.

37 — Deux plats Chine, fond bleu à relief, décorés d'ornements à fleurs.

38 — Six assiettes, porcelaine fine de Chine; au centre, un vase à fleurs.

Ce numéro sera divisé.

39 — Plusieurs assiettes de Chine et du Japon, de forme et de couleurs diverses.

Ce numéro sera divisé.

40 — Jolie paire de potiches de moyenne grandeur, en porcelaine du Japon, à décor rouge, bleu et or.

41 — Trois petites potiches forme Lisbé, l'une à couvercle ; même décor.

42 — Deux petits cornets forme Lisbé ; même décor.

43 — Deux théières de Boccaro.

44 — Daubière en porcelaine de Chine, formée par une tête de bœuf.

45 — Tasse à couvercle en porcelaine de Saxe, décorée de bouquets ; elle est accompagnée de son plateau.

46 — Grand plat long et ovale, porcelaine de Saxe blanche.

47 — Grande potiche en faïence de Rouen ; décor bleu sur blanc.

48 — Grande bouteille de même fabrique, à col renflé.

49 — Un vase, même fabrique.

50 — Grand plat long et festonné en faïence de Moustiers.

Au fond, un sujet de bergerie ; sur le bord, les quatre saisons.

51 — Plat rond fond bleu, décoré de bouquets en faïence de Nevers.

52 — Beau bas-relief en marbre représentant la Vierge en
pied tenant l'Enfant-Jésus, autour de sa tête une auréole
de têtes de chérubins.

Travail italien du XVIe siècle attribué à Donatello.

52 — Bas-relief en marbre représentant la Vierge et l'Enfant-
Jésus en pied. Elle est assise sous une arcade et sur un
siége formé par des chimères ; au-dessus de sa tête deux
chérubins.

Travail italien du XVe siècle. Il a conservé sa dorure
et une partie de son ancienne coloration.

54 — Deux chapiteaux en marbre avec leurs embases, décorés de palmettes et de rosaces ; ils ont conservé leur
ancienne dorure.

Travail byzantin du VIIIe siècle. Spécimen intéressant
de l'art après le Bas-Empire.

55 — Stèle en pierre d'Istrie, cintrée par le haut, représentant deux paons becquetant dans la corbeille d'un chapi-
teau de colonne. Sur leurs cols sont perchées deux co-
lombes.

Monument funéraire chrétien du VIIIe siècle, style
lombard.

56 — Buste d'homme ; bas-relief en marbre représentant un
personnage dans le costume de la fin du XVe siècle.

57 — Petit bas-relief rond en marbre, représentant Deucalion
et Pyrrha jetant des pierres derrière enx qui se changent
en hommes et en femmes.

Travail italien du XVIIe siècle.

58 — Buste de femme en marbre ; une draperie qui cache les épaules, laisse voir les seins. Sur socle en griotte clair. Époque de l'Empire ou du Consulat.

59 — Petit buste de Fénelon en marbre.

60 — Urne cinéraire antique dans la forme d'un petit sarcophage ; le devant est décoré d'ornements sculptés en relief.

61 — Belle paire de candélabres d'autel, en bronze ; ils se composent de parties superposées, ornées de cariatides et de figures, et se terminent par une tige surmontée d'un large binet décoré de têtes de chérubins.

Travail italien du xvie siècle.

62 — Grande aiguière en cuivre, entièrement décorée d'arabesques et de palmettes, de beau style ; l'anse est formée par un serpent.

62 *bis* — Autre semblable.

Travail italien du xvie siècle.

63 — Buste en bronze français du xvie siècle, représentant Henri IV. Belle patine.

64 — Petite paire de flambeaux en bronze, formés par deux figurines de génies portant les binets ; ils sont assis sur un socle contourné.

65 — Petit écritoire dont le couvercle est surmonté d'une figurine de génie.

Travail italien du xvie siècle.

66 — Deux figures en bronze représentant un Appollon et
une Vénus, d'après l'antique.

67 — Vase arabe de forme élevée, entièrement décoré de
niellures et inscriptions et de damasquinures d'argent.

68 — Vase arabe de forme basse.

69 — Grand bassin entièrement décoré d'arabesques d'un
très-beau style ; au centre un écusson.

Ouvrage arabe d'un grand style.

70 — Petit bassin en cuivre entièrement décoré de fines
gravures, représentant des entrelacs et des oiseaux ; au
centre un blason des Pucci.

Travail vénitien.

71 — Grand bassin entièrement décoré d'arabesques d'un
travail très-fin, avec incrustation d'argent.

Ouvrage de Corfou.

72 — Autre bassin sans incrustation.

73 — Grand bassin en cuivre décoré entièrement de gravures, avec médaillons représentant des sujets de la Fable.

Travail vénitien.

74 — Seau à anse mobile, entièrement décoré de niellures et
gravures, d'un travail très-fin.

Ouvrage de Corfou.

74 *bis* — Autre seau à anse mobile, avec inscription.

Travail arabe.

75 — Buire persane en cuivre doré, richement décorée de gravures. xvi° siècle.

76 — Deux grands plats en cuivre jaune, avec ornements repoussés et gravés; autour de l'ombilic une inscription.

77 — Paire de seaux en cuivre repoussé.

78 — Seau à rafraîchir du même travail, muni d'anses et de pieds.

Travail vénitien du xvi° siècle.

79 — Fontaine à eau chaude en cuivre.

Travail allemand.

80 — Petit lustre à six branches en cuivre, le culot et le dessous des plateaux sont décorés d'ornements gravés.

81 — Paire de chenets en cuivre, de l'époque de Louis XIII.

82 — Pincette, palette et tisonnier en cuivre. Même époque.

83 — Grand plat d'étain, dit *Briot*, entièrement décoré d'ornements et sujets en relief; au centre, sur un ombilic, le sujet d'Adam et d'Ève.

84 — Autre plat de même grandeur; sur le fond du plat de riches niellures, et sur l'ombilic le buste de Charles-Quint.

85 — Canette à bière en étain, ornée de sujets en bas-relief.

86 — Petit cadre repoussé en argent doré, contenant une miniature de femme à l'huile.

87 — Aigle en argent, couronné, haut de sceptre du xvᵉ siècle.

88 — Trente bagues intailles et camées montés en or, onyx, sardoine, améthyste et autres : antiques et non antiques.

Ce numéro sera divisé.

89 — Grande mandoline ou guitare du xviiᵉ siècle; le manche se termine par une tête sculptée.

90 — Autre mandoline ou guitare du xviᵉ siècle dont le manche est renversé.

91 — Clavecin à queue du xviᵉ siècle; le clavier est orné de sculptures et d'incrustations en ivoire gravé.

92 — A l'intérieur de l'étui sont représentées des vues de la ville de Pise.

93 — Deux harpes de l'époque de Louis XVI, en bois peint et doré; la table d'harmonie en vernis Martin est décorée de bouquets.

Ce numéro sera divisé.

94 — Très-beau Christ en ivoire, monté sur une croix en écaille dont l'arbre et les bras se terminent par des feuillages en argent; travail italien du xviie siècle.

95 — Deux jolies portes de crédence, en bois sculpté, représentant Adam et Eve au Paradis terrestre, et leur expulsion du Paradis; époque de Louis XII.

96 — Beau fragment, en buis sculpté en bas-relief, représentant Apollon poursuivant Daphné, par Brustolone.

97 — Custode en émail incrusté (dit byzantin) du xiiie siècle.

97 *bis* — Pied de petit chandelier en cuivre, orné de lézards et de dragons; du xiiie siècle.

98 — Petit coffret carré, de forme aplatie, orné de sujets en os sculpté représentant des personnages du xve siècle; dessous, un échiquier.

99 — Petit cadre en argent doré et repoussé, contenant un portrait de femme peint sur cuivre.

100 — Boîte ronde en argent; sur le couvercle un petit bas-relief repoussé, représentant un personnage aux pieds d'une dame, dans le costume de Louis XIV.

101 — Petit bas-relief en argent doré, représentant le Calvaire; travail du xve siècle.

102 — Petite croix de Malte en argent, représentant un combat de cavalerie.

103 — Quatre boîtes ou tabatières montées en or; l'une en marbre formant coquille, les trois autres en jaspe fleuri.

104 — Joli écritoire sur plateau en filigrane d'argent, muni de deux petits bras à lumière.

105 — Deux présentoirs en filigrane d'argent. Travail de Gênes.

106 — Belle reliure en filigrane d'argent doré et incrustée d'émaux.

107 — Joli coffret en écaille, incrusté de deux sujets gravés en argent, à l'intérieur des compartiments.

108 — Coupe en jade vert; zone brune au bord.

109 — Coffret carré long, gothique, en bois sculpté, avec garniture en fer travaillé.

110 — Coffret hexagone en bois, orné de découpures en fer.

111 — Petite horloge à poids, en cuivre gravé, décorée d'ornements et de figures; XVIe siècle.

112 — Casque indien décoré de niellures d'or.

113 — Grosse carabine à mousquet dont le bois est sculpté et incrusté.

114 — Épée à coquille, dite à panier, très-finement ciselée et découpée; lame à gouttière, percée à jour.

115 — Petit cadre en ébène, décoré d'ornements en cuivre doré et ciselé; style Louis XIII.

116 — Petit fixé rond encadré, représentant une marine d'après J. Vernet.

117 — Petit meuble cabinet, recouvert en parchemin, décoré d'arabesques. ˙

118 — Chaîne composée de maillons en fer forgé formant des étoiles doubles. Travail vénitien.

119 — Autre semblable.

119 *bis* — Trois clefs de chambellan en bronze doré, une en fer.

Ce numéro sera divisé.

120 — Pièces de jeu d'échec chinois, en ivoire rouge et blanc.

121 — Autre série, noir et blanc.

122 — Madone et l'Enfant Jésus; peinture sur cuivre dans un cadre en ébène guilloché.

123 — Grande miniature sur vélin représentant deux portraits de jeunes femmes de l'époque de Louis XIV, faisant de la musique.

124 — Cage en bois peint, forme de maison rustique.

125 — Deux flambeaux en bronze doré et ciselé, de l'époque de Louis XVI.

126 — Pendule de la fin de Louis XVI, à portique en marbre blanc, ornée de bronzes finement ciselés et de biscuits de Sèvres.

127 — Glace à fronton, dont le cadre est en verre gravé sur transparent rouge.

128 — Cadre d'une autre glace du même genre.

129 — Petit meuble vitrine, à deux corps, en bois sculpté ; travail moderne.

130 — Deux tableaux modernes de chapelle, représentant l'un, l'Assomption de la Vierge; l'autre, l'Adoration des bergers.

131 — Deux gravures encadrées.

132 — Deux portières en tapisserie à figures dans des paysages, époque Louis XIII, avec bordure.

133 — Tapisserie carrée, du xvie siècle, représentant une descente de croix.

134 — Deux tapisseries représentant des sujets de l'époque de Louis XV.

135 — Tapisserie gothique; frise en longueur représentant un sujet de chasse; xve siècle. Elle est en deux morceaux.

136 — Quatre figures d'apôtres, en tapisserie du xvᵉ siècle.

137 — Deux morceaux de grosse guipure; point de Paris et griffe d'Angleterre.

138 — Deux morceaux de guipures, points de Venise; l'un à écailles, l'autre, entre-deux avec bordure festonnée; six mètres de l'un et huit de l'autre.

139 — Cinq bandes de tapisserie, point à l'aiguille sur fond de drap; sujets de chasse provenant d'un baldaquin de lit.

140 — Deux bandes de velours à parterre de diverses couleurs.

141 — Six feuilles de paravent en velours à parterre; fleurs rouges sur fond jaune.

142 — Sous ce numéro seront vendus des objets non catalogués.

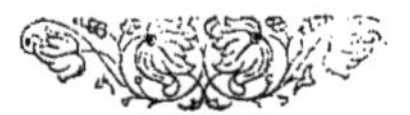

9 782329 540962